Expressions et locutions du français moderne

Reclam premium Sprachtraining

Expressions et locutions du français moderne

Von Brigitte Hamel Rodriguez
und Berthe-Odile Simon-Schaefer

Reclam

RECLAMS UNIVERSAL-BIBLIOTHEK Nr. 14535
2016, 2021 Philipp Reclam jun. Verlag GmbH,
Siemensstraße 32, 71254 Ditzingen
Gestaltung: Cornelia Feyll, Friedrich Forssman
Druck und Bindung: EsserDruck Solutions GmbH,
Untere Sonnenstraße 5, 84030 Ergolding
Printed in Germany 2024

ISBN 978-3-15-014535-7

Auch als E-Book erhältlich

www.reclam.de

Inhalt

Vorwort

Wer sich als Nicht-Muttersprachler bei der französischen Wendung »envoyer quelqu'un sur les roses« vom schönen Bild der Rose beeinflussen lässt, gar »auf Rosen gebettet« assoziiert (statt als Erstes an die Dornen zu denken), der kann eine Kommunikationssituation gründlich fehldeuten. Die bildsprachliche Entsprechung im Deutschen hingegen – »jemanden in die Wüste schicken« – scheint, da eindeutiger, für den Gesprächspartner weniger irritierende Verknüpfungen auszulösen: Was soll man in der Wüste anderes erwarten als sengende Sonne, Durst und Verderben?

Dieses Beispiel zeigt mehreres:

1. Eine Aussage (hier: sich einer Person entledigen) gewinnt Anschaulichkeit und Kraft durch die Übertragung ins Bildhafte (griech. *metaphora* = Übertragung). Wer ein Bild benutzt, tut es, um einen abstrakten Vorgang sinnlich fassbar zu machen und seine Aussage zu unterstreichen. Auf der Seite des »Senders« wie auf der Seite des »Empfängers« fordert die metaphorische Sprechweise Denk- und Vorstellungsvermögen.

2. Unsere Sprachen sind reich an Bildern und Metaphern, die wir mit großer Selbstverständlichkeit benutzen. Nietzsche spricht vom »Trieb zur Metapherbildung« als einem »Fundamentaltrieb« des Menschen, die »vorhandene Welt [...] reizvoll und ewig neu zu gestalten« (*Über Wahrheit und Lüge im außermoralischen Sinne*, 1873). Jede Sprachgemeinschaft hat und prägt zu jeder Zeit ihre eigenen Sprachbilder. Der im Einzelfall verwendete bildliche Ausdruck hängt von vielen Gegebenheiten ab: von der Lebenswirklichkeit der Gesprächspartner, von ihrem Lebensalter und ihrer Gruppenzugehörigkeit, von ihrem Bildungsniveau und ihrer Sprachtradition und von der besonderen Situation, in der sie miteinander kommunizieren.

3. Was für die Verständigung zwischen Muttersprachlern ei-

ne Verständigungsbrücke darstellen soll oder kann, erweist sich für den Sprachlernenden möglicherweise als Verstehenshindernis, und zwar dann, wenn der SINNGLEICHHEIT eines Ausdrucks keine BILDGLEICHHEIT entspricht. Das fremde Bild, die fremde Bildlichkeit kann ihn – für sich genommen – erheitern, aber sie kann ihn auch verwirren und sogar in eine peinliche Situation bringen, wenn der Schlüssel zur Übertragung fehlt. Dass man »Oma nicht in die Brennnesseln schubsen« sollte (»Faut pas pousser grand-mère dans les orties«), versteht sich selbstredend. Doch was ist der verborgene Sinn dieser derb-komischen Verhaltensregel? Für das deutsche Pendant (»Man muss die Kirche im Dorf lassen«) wird umgekehrt der französische Muttersprachler Hilfe bei der Entschlüsselung benötigen. Beide Redewendungen wollen mit ihren Metaphern vor Aufbauschung, Übertreibung, überzogenen Maßnahmen warnen.

Das figurative Sprechen, d.h. die Aneignung der sprachlichen Bildlichkeit, beginnt mit der Kindheit und ist ein lebenslanger Lern- und Bildungsprozess. Auf Bildlichkeit zu verzichten, ist unmöglich, denn sie hat eine kaum ersetzbare Funktion: Sie erlaubt es, Urteile, Bewertungen, Gefühle und Stimmungen zu übermitteln. Der Nicht-Muttersprachler, mag er über einen noch so differenzierten Wortschatz verfügen, wird dieses Maß an Vertrautheit schwerlich erreichen. In einem viel höheren Maße als Lexik und Grammatik ist somit die metaphorische Sprache eine Herausforderung für den Fremdsprachenlerner, nicht nur im Kontext der schönen Literatur, sondern in jedem Bereich der menschlichen Kommunikation, ob Wirtschaft, Wissenschaft, Politik, Sport oder Werbung. Am lebendigsten aber ist sie in der Alltagssprache vertreten, die Metaphern nicht nur tradiert, oft seit der Antike oder dem Mittelalter, sondern täglich neue metaphorische Ausdrücke hinzuerfindet. Nicht selten bildet das schöpferische Vermögen der Alltags- bzw. Umgangssprache erst die Voraussetzung für die spätere Verwendung der neuen Bilder in der Schriftsprache.

In Schulbuchtexten ist der metaphorische Sprachgebrauch gegenüber dem in der authentischen Sprache deutlich reduziert – aus vielerlei nachvollziehbaren Gründen –, doch führt die mangelnde Konfrontation mit den andersartigen Bildern der Nachbarsprache nicht nur zu einer Einschränkung des individuellen Ausdruckswillens, sondern auch zu einer Einschränkung der Fähigkeit, Anschaulichkeit und Lebendigkeit, Humor, Witz und Komik in der fremden Sprache zu erfassen. Letzten Endes sind es das Verständnis und die Anwendung der bildlichen Sprache, die den Unterschied ausmachen zwischen einer ausreichenden Beherrschung einer anderen Sprache und dem authentischen Sprachvermögen des Muttersprachlers.

In diesem Zusammenhang verfolgt das Wörterbuch ein klares Ziel:

- Es will in erster Linie Schülern, Studenten, Lehrern, Freunden der französischen wie deutschen Sprache konkrete Entschlüsselungshilfen bieten.
- Es will darüber hinaus die Benutzer dazu anregen, sich hier und da selbst der fremden Metaphorik zu bedienen.

Zu wünschen ist, dass der Leser nicht nur philologisch auf seine Kosten kommt, sondern dass ihn auch die Perspektivität der jeweiligen Bilderwelten bereichert: mal nachdenklich stimmt, mal erheitert.

Angesichts des (unüberschaubar) weiten Feldes feststehender bildlicher Redewendungen war es unerlässlich, Grenzen für die Auswahl zu ziehen. Das vorliegende kleine Wörterbuch berücksichtigt nur Metaphern im Kontext, d.h. in satzwertigen oder Mehrwort-Verbindungen. Ausgeschlossen sind somit konventionelle (sog. lexikalisierte) Metaphern, die einen erheblichen Anteil am Wortbestand jeder Sprache haben und deren metaphorischer Ursprung meist nicht mehr bewusst wahrgenommen wird. Wörter wie »pomme de terre«, »choufleur« oder »feu rouge« gehören zum Fundamentalwortschatz des Französischen und sind in jedem Standardwörterbuch zu finden; auch etwas entlegenere Bilder wie »gratte-ciel« oder »larmes de crocodile« sind ohne gedankliche Umwege verständlich.

Dieses Ausschlusskriterium gilt auch für metaphorische Wendungen, deren Sinn sich durch wörtliche Übertragung ins Deutsche ohne Weiteres erschließt – wie beispielsweise »être la cinquième roue du carrosse«, »peser le pour et le contre«, »avoir un cœur d'or«. Denn so wie sich in der Bildsprache einer Sprachgemeinschaft das unverwechselbar Besondere ihrer Erfahrungen niedergeschlagen hat, so gilt das umgekehrt für einen Grundbesitz an kulturellen Erfahrungen, die eine Sprachgemeinschaft mit anderen teilt.

Unberücksichtigt in dieser Sammlung bleibt auch die große Fülle an Spruchweisheiten (*proverbes*), die – schon vom traditionellen Wortsinn her – einen eigenen Bereich, gekennzeichnet durch ihre lehrhafte Intention, beanspruchen.[1] Was ihre volkstümliche Bildhaftigkeit anlangt, berühren sie sich zwar stellenweise mit modernen bildlichen Redewendungen, doch erlauben es ihr Lehrstück-Charakter und ihre eigene sprachliche Gesetzlichkeit (d. h. ihre unveränderliche Formulierung), sie gegen diese abzugrenzen.

Eingang gefunden in die vorliegende Sammlung haben metaphorische Wendungen aller Sprachebenen, von der »hohen« Literatur bis zur derben Alltagssprache. Veraltete Bilder wurden dabei bewusst außer Acht gelassen.

1 Siehe hierzu die Sammlung von Franz-Rudolf Weller: *Proverbes de langue française*, Stuttgart 2014 (RUB 19868).

Folgende Kriterien waren für die Aufnahme entscheidend:
- Differenz zwischen Sinngleichheit und Bildgleichheit (im deutsch-französischen Sprachvergleich)
- Originalität und innovativer Wert
- Geläufigkeit bzw. Frequenz im Gebrauch
- schwieriges Auffinden bzw. Nichtvorhandensein in Standardwörterbüchern.

Die Sammlung ist aus pragmatischen Gründen konsequent alphabetisch geordnet. Jede Wendung ist für sich glossiert, wobei Wiederholungen auf derselben Seite vermieden werden. Erklärt werden in der Regel alle Wörter, die im *Thematischen Grund- und Aufbauwortschatz Französisch* (Stuttgart: Klett 2000) nicht zum Grundwortschatz gehören. Da die meisten Wendungen der Umgangssprache angehören und mit übertragenen Bedeutungen spielen, wurde auf die Angaben »(fam.)« und »(fig.)« in der Regel verzichtet, zumal die Stilebene oft aus der Übersetzung hervorgeht. Wo eine Wendung als vulgär einzustufen ist, ist dies allerdings stets angegeben.

Berthe-Odile Simon-Schaefer

Expressions et locutions

A

abatttre ses cartes / son jeu
die Karten auf den Tisch legen

accorder ses violons
sich einigen
accorder: (mus.) stimmen.

à corps perdu
mit Leidenschaft

aggraver son cas
sich selbst schaden
aggraver: verschlimmern.

agir/travailler sous le manteau
etwas heimlich tun, verdeckt ermitteln
sous le manteau: unter der Hand, hintenherum.

À la guerre comme à la guerre!
Augen zu und durch!

à la queue leu leu
im Gänsemarsch
la queue: Schwanz. | **le leu:** (vx.) *le loup*.

aller à la dérive
den Bach runtergehen
la dérive: das Abdriften.

aller à Pétaouchnoc
nach Hintertupfingen gehen
Pétaouchnoc: an russische Städtenamen angelehnter Phantasiename; belegt seit den 1940er Jahren.

aller cueillir des fraises / des pâquerettes
für ein Schäferstündchen in den Wald gehen
cueillir: pflücken, sammeln. | **la pâquerette:** Gänseblümchen.

aller dans le sens du vent
sein Fähnchen nach dem Wind richten/drehen
le sens: hier: Richtung.

aller de mal en pis
vom Regen in die Traufe kommen/geraten
pis (Komparativ von *mal*): schlechter, schlimmer.

aller planter ses choux ailleurs
seinen Wohnort wechseln, beruflich umsatteln
le chou: Kohlkopf.

aller plus vite que la musique
voreilig/vorschnell/übereilt handeln

aller se faire voir
Va-te faire voir!: Scher dich zum Teufel!

aller se rhabiller
Va-te rhabiller! / Il peut aller se rhabiller: Aufforderung, mit der man sich einer unerwünschten Person entledigt

ameuter le ban et l'arrière-ban
die ganze Sippschaft/Clique zusammentrommeln
ameuter: alarmieren. | **le ban:** letztes Aufgebot.

amuser la galerie
für Erheiterung sorgen

annoncer la couleur
mit offenen Karten spielen

appeler un chat un chat
das Kind / die Dinge beim Namen nennen

apporter de l'eau au moulin de qn
Wasser auf jds. Mühle geben
le moulin: Mühle.

apporter un ballon d'oxygène
frischen Wind / eine frische Brise in etwas bringen
le ballon d'oxygène (méd.): Atembeutel (*l'oxygène*, m.: Sauerstoff.)

arranger le portrait à qn
jdm. die Fresse polieren

arrêter les frais
ein Ziel aufgeben
les frais (m. pl.): Kosten, Ausgaben.

arriver à ses fins
seinen Willen durchsetzen
la fin: hier: Ziel.

arriver après la bataille
(erst) kommen, wenn alles getan ist

arrondir les angles
die Wogen glätten
arrondir: abrunden. | **un angle:** Winkel.

arroser ses obligés
Schmiergeld zahlen
arroser: begießen. | **un obligé:** Person, der man zu Dank verpflichtet ist.

assurer ses arrières
sich ein Hintertürchen offenhalten
les arrières (m. pl.): (mil.) Etappengebiet, Nachschubgebiet.

au cul du loup
weit weit weg, am Arsch der Welt

au saut du lit
in aller Herrgottsfrühe
le saut (zu *sauter*): Sprung.

avaler des couleuvres
so manche Kröte schlucken, in den sauren Apfel beißen
la couleuvre: Natter.

avaler son dentier
verblüfft sein
le dentier: Gebiss

avancer en regardant dans le rétroviseur
auf der Stelle treten
avancer: vorrücken. | **le rétroviseur:** Rückspiegel.

avec armes et bagages
mit Kind und Kegel / mit Sack und Pack
une arme: Waffe.

avec perte et fracas
mit großem Getöse
la perte: Verlust. | **le fracas:** Krach.

avec tout le clinquant
mit großem Brimborium
le clinquant: Flitterkram.

avoir avalé un manche à balai
einen Stock verschluckt haben, steif/humorlos sein
le manche à balai (m.): Besenstiel.

avoir bon dos
für Fehler eines anderen verantwortlich gemacht werden
J'ai bon dos!: Mit mir könnt ihr es ja machen!

avoir bon pied bon œil
sehr rüstig sein

avoir carte blanche
freie Hand haben

avoir crevé
einen Platten haben
crever: bersten.

avoir d'autres chats à fouetter
Wichtigeres zu tun haben, andere Sorgen haben
fouetter: peitschen.

avoir de beaux restes
gut in Schuss sein

avoir des casseroles
(auch: ***tirer/traîner des casseroles derrière soi***)
Flecken auf der weißen Weste haben, etwas zu verbergen haben, (pol.) (schwarze) Flecken haben
la casserole: Topf. – Das Bild des durch die Straßen gejagten Hundes, dem böse Buben laut scheppernde Blechdosen an den Schwanz gebunden haben, spricht für sich.

avoir des vues sur qn
ein Auge auf jdn. geworfen haben; Absichten auf jdn. haben

avoir du bol / du pot
Schwein haben

avoir du nez
Spürsinn haben

avoir du pain sur la planche
viel zu tun haben
la planche: Brett.

avoir du répondant
(1) Geld im Rücken haben; (2) Rückgrat haben
le répondant: Bürge.

avoir du toupet / du culot
dreist, frech sein
le toupet: Frechheit. | **le culot:** Frechheit, Chuzpe.

avoir l'âge de ses artères
sich so alt fühlen, wie man ist
une artère: Arterie.

avoir l'eau à la bouche
Il a l'eau à la bouche: Ihm läuft das Wasser im Mund zusammen.

avoir l'estomac dans les talons
den Magen in den Kniekehlen (hängen) haben
le talon: Ferse.

avoir la baraka
ein Glückspilz sein
la baraka: *la chance.* – Das arabische Wort *baraka* bezeichnet im islamischen Volksglauben eine Art göttliche Segenskraft.

avoir la foi du charbonnier
naiv sein
le charbonnier: Köhler.

avoir la folie des grandeurs
größenwahnsinnig sein

avoir la gueule de bois
einen Kater haben
la gueule: Maul, Schnauze.

avoir la guigne
Pech haben
la guigne: Pechsträhne.

avoir la niaque
Kampfgeist/Biss haben

avoir la pêche
gut drauf sein
la pêche: Pfirsich.

avoir la poisse
Pech haben

avoir la rage
Wut im Leib haben

avoir la tête de l'emploi
unbedarft/dämlich aussehen

avoir la tête bien sur les épaules
seinen gesunden Menschenverstand walten lassen

avoir le béguin de qn
in jdn. verschossen sein
le béguin (fig.): Flamme, Liebelei.

avoir le bourdon / le cafard
Trübsal blasen
le bourdon: Hummel. | **le cafard:** Küchenschabe.

avoir le démon de midi
in der Midlifecrisis sein

avoir le diable au corps
schwer zu bändigen sein
le diable: Teufel.

avoir le moral dans les chaussettes
seelisch am Boden sein

avoir le vent en poupe
auf der Welle des Erfolgs reiten, eine Glückssträhne haben
la poupe: Heck (eines Schiffs).

avoir les chevilles qui enflent / la grosse tête
sich dicke tun
la cheville: Knöchel. | **enfler:** anschwellen.

avoir les dents longues
ehrgeizig sein

avoir les jambes en compote
Pudding in den Knien haben

avoir les mains baladeuses
seine Hände nicht bei sich behalten können
se balader: bummeln, herumstreifen.

avoir les nerfs à fleur de peau
reizbar sein
Il a les nerfs à fleur de peau: Ihm liegen die Nerven blank.
à fleur de: an der Oberfläche.

avoir les yeux derrière la tête
seine Augen überall haben

avoir sa part du gâteau
ein Stück vom Kuchen abbekommen

avoir son jardin secret
seine persönliche Sphäre wahren

avoir un cadavre dans le placard
eine Leiche im Keller haben

avoir un caractère de cochon
ein schwieriger Mensch sein

avoir un chat dans la gorge
einen Frosch im Hals haben

avoir un cœur d'artichaut
leicht zu entflammen sein
un artichaut: Artischocke.

avoir un dada
ein Steckenpferd / eine Marotte haben

avoir un grain
einen Vogel haben
le grain: Korn.

avoir un pépin
Scherereien/Ärger haben
le pépin: Obstkern.

avoir un poil dans la main
faul sein
le poil: (Körper-)Haar.

avoir un polichinelle dans le tiroir
schwanger sein
le polichinelle: Kasperle. | **le tiroir:** Schublade.

avoir une araignée au plafond
nicht alle Tassen im Schrank haben
une araignée: Spinne. | **le plafond:** Decke.

avoir une case de vide / en moins
eine Schraube locker haben
la case: Kästchen.

avoir une dent contre qn
etwas gegen jdn. haben, einen Pik auf jdn. haben

avoir une peur bleue
eine Heidenangst haben

avoir une veine de cocu
verdammt viel Glück haben
la veine: Glück. | **le cocu:** der Gehörnte.

avoir voix au chapitre
mitreden dürfen
le chapitre: hier: Versammlung von Mönchen, Geistlichen usw.

avoir vu le loup
nicht mehr Jungfrau sein
Der Wolf verkörpert den raffinierten Verführer, der dem ahnungslosen Mädchen die Unschuld raubt; so im Rotkäppchen-Märchen (*Le petit chaperon rouge*) von Charles Perrault (1696).

B

baisser la garde
verzichten
la garde: hier: Degen.

baisser pavillon
klein beigeben, sich fügen
le pavillon: hier: Flagge.

bâtir des châteaux en Espagne
Luftschlösser bauen
Mit »châteaux en Espagne« werden erstmalig im 13. Jh. Phantasiegebilde umschrieben, so im berühmten *Roman de la rose* von Guillaume de Lorris die Illusionen eines hoffnungslos verliebten jungen Mannes. Spanien galt im Mittelalter als geheimnisvoller Schauplatz wundersamer Begebenheiten und Abenteuer.

battre la campagne
die Gegend abgrasen

battre le pavé
obdachlos sein; auch: ziellos herumschlendern
le pavé: Straßenpflaster.

bayer aux corneilles
Maulaffen feilhalten
la corneille: Krähe.

belle comme un camion
atemberaubend schön / hinreißend
Großes Kompliment in der Jugendsprache; Entstehung ungeklärt. Vergleich möglicherweise ursprünglich ironisch verwendet, später superlativisch zu *belle*.

bien cacher son jeu
sich verstellen

boire du petit lait
etwas auskosten/genießen

boire du pisse-mémé (vulg.)
Kräutertee trinken.
la mémé (fam.): Oma.

boire la coupe jusqu'à la lie
den Kelch bis zur Neige leeren
la lie: Bodensatz.

boire la tasse
ertrinken

boire le bouillon
pleite sein
le bouillon: Brühe

bon chic bon genre (B.C.B.G.)
Schickimicki

bourgeois bohèmes (auch: **bobos**)
Bezeichnung für Personen, die das Herz auf der Linken und das Portemonnaie auf der Rechten haben
bohème: zigeunerhaft.

boxer dans la même catégorie
in derselben Liga kämpfen/spielen

braver la foule
sich über etwas hinwegsetzen, sich durchsetzen
braver: trotzen.

broder une histoire
eine Erzählung ausschmücken
broder: sticken, besticken.

brouiller les cartes
Verwirrung stiften
brouiller: vermischen.

broyer du noir
Trübsal blasen
broyer: zerkleinern, zermahlen.

brûler la chandelle par les deux bouts
sich übernehmen, über seine Verhältnisse leben
la chandelle: Kerze.

brûler les étapes
den zweiten Schritt vor dem ersten tun; auch: Blitzkarriere machen

brûler les planches
mit Leidenschaft Theater spielen
la planche: Brett; *les planches:* Bühne.

C

C'est béton.
Das ist todsicher.

C'est blanc bonnet et bonnet blanc.
Das ist Jacke wie Hose.

C'est cousu de fil blanc.
Das ist leicht zu durchschauen.

C'est de la piquette.
Das ist Schund.
la piquette (fam.): schlechter Wein, Gesöff.

C'est du billard.
Das ist ein Kinderspiel.

C'est du pipeau.
Das ist hohles Geschwätz.
le pipeau: Hirtenflöte.

C'est du tord-boyaux.
Das ist Fusel / schlechter Alkohol.
tordre: verdrehen. | **les boyaux** (m. pl.): Gedärme.

C'est l'Amérique!
Das ist Spitze!

C'est l'hôpital qui se moque de la charité.
sinngemäß etwa: Der Große sollte über den Kleinen nicht spotten.
la charité: Barmherzigkeit, Fürsorge.

C'est la bouteille à l'encre.
Das ist eine undurchsichtige/verworrene Angelegenheit.
une encre: Tinte.

C'est la cerise sur le gâteau.
Das ist das Tüpfelchen auf dem i.

C'est la fin des haricots!
Jetzt ist alles aus!

C'est la réponse du berger à la bergère.
Das ist die Retourkutsche.
le berger: Hirte.

C'est la zone.
Das ist ein verkommenes Viertel.

C'est le bordel! / Quel bordel!
So ein Saustall! Was für ein Chaos!

C'est le mariage de la carpe et du lapin.
Das ist eine Mesalliance.
la carpe: Karpfen.

C'est le même son de cloche.
Das ist die ewig gleiche Litanei/Leier.
la cloche: Glocke.

C'est le pompon!
Das ist die Höhe!

C'est mi-figue, mi-raisin.
Das ist schwer einzuordnen / zu deuten.
la figue: Feige.

C'est pour ma pomme.
Das ist für mich.

C'est son cheval de bataille.
Das ist sein Steckenpferd.

C'est un béni-oui-oui.
Er ist ein Jasager.
bénir: segnen.

C'est un crève-cœur.
Es ist ein Jammer / zum Erbarmen.

C'est un crève-la-faim.
Er ist ein armer Schlucker.

C'est un dialogue de sourds.
Sie reden aneinander vorbei.
sourd, e: taub.

C'est un miroir aux alouettes.
Das sind gefährliche Illusionen.
une alouette: Lerche. – Bei diesem Spiegel handelt es sich um ein Konstrukt aus blitzenden Spiegelscherben, mit denen früher der Jäger die Lerchen blendete und in die Falle lockte.

C'est un pisse-froid / un pisse-vinaigre.
Er ist ein alter Griesgram.

C'est un va-t-en-guerre.
Er ist ein Streithammel.

C'est une chiffe molle.

Das ist ein Waschlappen / ein Schlappschwanz.

la chiffe: Lumpen; (fig.) ‚Waschlappen', ‚Flasche'. | **mou, molle:** weich, schlaff, schwach.

C'est une goutte d'eau dans la mer.

Das ist ein Tropfen auf den heißen Stein.

C'est une langue de vipère.

Das ist ein Lästermaul.

C'est une pierre dans ton jardin.

Das ist auf dich gemünzt.

C'est une tête de pioche.

Das ist ein Kotzbrocken.

la pioche: Spitzhacke.

C'est une vérité de La Palice.

Das ist eine Binsenweisheit/-wahrheit.

La Palice: Die fehlerhaft überlieferte Grabinschrift des Offiziers Jacques de la Palice/Palisse (1470–1525): »S'il n'était pas mort, il serait encore en vie« statt »il ferait encore envie«, gab später Anlass zu zahlreichen burlesken Reimen, seither »lapalissades« genannt.

Ça lui va comme un tablier à une vache.

Das passt wie die Faust aufs Auge.

le tablier: Schürze.

Ça ne se trouve pas sous le pied d'un cheval.

Das findet man nicht an jeder Ecke.

Ça ne vaut pas tripette / une queue de cerise. / Ça ne casse pas des briques.
Das ist keinen Pfifferling wert.
la tripe: Eingeweide. | **la brique:** Ziegel.

Ça passe ou ça casse.
Entweder es klappt oder es geht daneben.

Ça plane pour moi.
Mir geht's prächtig.

casser du sucre sur le dos de qn
lästern, über jdn. herziehen, jdn. durch den Kakao ziehen

casser les pieds à qn
jdm. auf den Wecker fallen

casser sa pipe
sterben, ins Gras beißen

Ce n'est pas dans mes cordes.
Das kann ich nicht.
la corde: Saite.

Ce n'est pas la mer à boire.
Das ist doch halb so schlimm / nicht die Welt.

Ce n'est pas la porte à côté.
Das ist ganz schön weit.

Ce n'est pas le Pérou.
Das ist etwas dürftig / nicht gerade viel / kein großer Gewinn.
Anspielung auf die sagenhaften Reichtümer an Edelmetallen, die die spanischen Eroberer im Inkareich erbeuteten.

Ce n'est pas ma tasse de thé.
Das geht mich nichts an. / Das ist nicht mein Bier.

Ce n'est pas piqué des hannetons.
Das hat sich gewaschen. / Das ist nicht von schlechten Eltern.
piquer: picken, stechen. | **le hanneton:** Blatthornkäfer.

Ce n'est pas très catholique.
Etwas ist faul an der Sache.

Ce n'est pas un aigle.
Er ist kein großes Licht.
un aigle: Adler.

Ce ne sont pas mes oignons.
Das ist nicht mein Bier.
un oignon: Zwiebel.

Cela ne mange pas de pain.
Das hat nichts zu sagen. / Das spielt keine Rolle.

Cela vient comme un cheveu sur la soupe.
Das passt wie die Faust aufs Auge.

chercher des noises à qn / des poux (dans la tête) à qn
Streit suchen
le pou: Laus.

chercher la petite bête
an allem herummäkeln, ein Haar in der Suppe finden

chercher midi à quatorze heures
eine Sache unnötig erschweren

cirer les bottes / les pompes à qn
jdm. um den Bart gehen, schleimen
la botte: Stiefel. | **la pompe** (fam.): *la chaussure.* | **cirer:** wichsen.

clamer qc sur les toits
etwas ausposaunen

clouer le bec à qn
jdm. das Maul stopfen
clouer: nageln. | **le bec:** Schnabel.

compter ses petits
seine Schäfchen zählen, um sich scharen

conter fleurette
Süßholz raspeln, flirten
conter: erzählen.

couper la poire en deux
Zugeständnisse machen

couper l'herbe sous le pied à qn
jdm. das Wort abschneiden / jdm. den Boden unter den Füßen wegziehen

courir comme un dératé
wie ein Wilder rennen, schnell wie der Wind sein
le dératé (fam.): Irrer.

courir deux lièvres à la fois
auf zwei Hochzeiten gleichzeitig tanzen
le lièvre: Hase.

courir sur le haricot à qn
jdm. auf den Keks gehen

coûter les yeux de la tête
unerschwinglich teuer sein

cracher dans la soupe
das eigene Nest beschmutzen
cracher: spucken.

cracher le morceau (pop.)
‚auspacken', gestehen

crever l'écran
eine besondere Leinwandpräsenz haben, einen Raum für sich einnehmen können
un écran: Leinwand, Bildschirm. | **crever:** zum Platzen bringen.

crier avant d'avoir mal
wehleidig sein

crier qc sur les toits
etwas an die große Glocke hängen

croiser les doigts
die Daumen drücken

croquer le magot
das Vermögen verjubeln/vergeuden
croquer: knacken.

D

damer le pion à qn
jdn. ausstechen, übertrumpfen
le pion: Stein im Damespiel.

débiner son voisin
abfällig von jdm. reden

découvrir le pot aux roses
hinter das Geheimnis, einer Sache auf die Spur kommen

décrocher la timbale / décrocher le gros lot
den Vogel abschießen / das große Los ziehen
la timbale: Trinkbecher.

défendre son bifteck
sich nicht die Butter vom Brot nehmen lassen

défier l'entendement (m.)
das Fassungsvermögen übersteigen
défier: trotzen.

de fil en aiguille
allmählich
une aiguille: Nadel.

dégager en touche
einer Frage ausweichen
la touche (Ballsport): Einwurf.

dégraisser le mamouth (iron.)
den Gürtel enger schnallen
dégraisser: entfetten. | **le mamouth:** Mammut.

descendre au ras des pâquerettes / au troisième sous-sol

sich auf ein niedriges Niveau begeben

à ras de / au ras de: dicht über. | **la pâquerette:** Gänseblümchen.

descendre dans l'arène

sich dem Kampf stellen

déshabiller Pierre pour habiller Paul

ein Loch mit dem anderen stopfen; ein Übel durch ein anderes ersetzen

Die Namen der Apostel (Pierre, Paul, Jacques) sind austauschbar. Kirchen, die nicht reich genug waren, ihre Heiligenstatuen einzeln auszustaffieren, behalfen sich mit der Kostümanleihe im eigenen Haus: Dem Apostel Paulus zog man zu seinem Namensfest das Gewand des Petrus an und umgekehrt.

diminuer la voilure

die Ausgaben verringern

la voilure: Segelfläche.

diminuer le mille-feuilles

den Verwaltungsapparat verschlanken

le mille-feuilles: Bezeichnung für ein Blätterteiggebäck.

dire de quel bois on se chauffe

jdm. sagen, was die Uhr geschlagen hat / sich jdn. vorknöpfen

discuter le bout de gras

ausgiebig diskutieren

discuter du sexe des anges
endlos diskutieren
un ange: Engel.

distribuer les bons points
Fleißkärtchen verteilen

donner des ailes à qn
jdn. beflügeln

donner du lard aux cochons
Perlen vor die Säue werfen
le lard: Speck.

donner le bon Dieu sans confession (à qn)
jdn. für harmlos halten
On lui donnerait le bon dieu sans confession: Er sieht (so) aus, als ob er kein Wässerchen trüben könnte.

donner le coup de pied de l'âne
späte (und hinterhältige) Rache üben
un âne: Esel.

donner le la
den Ton angeben
la (Tonleiter): A.

donner sa langue au chat
keine Antwort wissen

donner un coup d'épée dans l'eau
etwas vergeblich tun
une épée: Schwert.

dormir à poings fermés
wie ein Murmeltier schlafen
le poing: Faust.

Doucement les basses!
Ruhig ruhig!
les basses (f. pl.): Bässe.

E

éclairer la lanterne de qn
jdm. auf die Sprünge helfen

écraser une mouche avec un marteau
mit Kanonen auf Spatzen schießen
écraser: zerquetschen. | **le marteau:** Hammer.

en avoir gros sur la patate
großen Kummer haben
J'en ai gros sur la patate: Es liegt mir schwer auf dem Gemüt.
la patate (fam.): Kartoffel.

en avoir le cœur net
wissen, woran man ist

en avoir marre / ras le bol / plein le dos
die Nase/Schnauze voll haben / es satt haben
ras: gestrichen voll.

en avoir plein la bouche de qn/qc
immer wieder auf jdn./etwas zu sprechen kommen

en chair et en os
persönlich, leibhaftig
la chair: Fleisch. | **un os:** Knochen.

en faire tout un fromage
etwas aufbauschen

en faire voir de toutes les couleurs à qn
jdm. das Leben zur Hölle machen

enfoncer le clou
etwas unablässig wiederholen

en mettre plein la vue
angeben, aufschneiden

en pincer pour qn
sich in jdn. vergucken
pincer: kneifen.

entre la poire et le fromage
zwischen Tür und Angel

En veux-tu, en voilà!
Alles im Überfluss vorhanden! In Hülle und Fülle!

en voir des vertes et des pas mûres
sein blaues Wunder erleben

engager une querelle d'Allemand
einen Streit vom Zaun brechen

envoyer qn au paradis
sich einer Person entledigen

envoyer des fleurs
Komplimente machen

envoyer promener qn / envoyer qn sur les roses / envoyer qn se faire cuire un œuf
jdn. dahin schicken, wo der Pfeffer wächst

éplucher les comptes
die Bilanzen unter die Lupe nehmen

Est-ce du lard ou du cochon?
Das ist weder Fisch noch Fleisch.

étouffer dans l'œuf
im Keim ersticken

être à côté de la plaque / à la masse
neben der Spur sein
la plaque: Platte.

être à la botte de qn
jdm. unterstehen, jdm. ergeben sein
la botte: Stiefel.

être à la page
mit der Zeit gehen

être à la ramasse
fix und fertig / abgewirtschaftet sein

être à l'ombre
im Knast sitzen

être à ramasser à la petite cuillère
ein Häufchen Elend sein

être assis à la place du mort
auf dem Beifahrersitz sitzen
Zynische Bezeichnung für den Beifahrersitz seit der alarmierenden französischen Statistik der tödlichen Verkehrsunfälle (18 000 im Jahre 1972), derzufolge der Beifahrer dem höchsten Risiko ausgesetzt ist.

être au bout du rouleau
aus dem letzten Loch pfeifen / ausgelaugt sein
le rouleau: Rolle, Walze.

être au pied du mur
mit dem Rücken zur Wand stehen

être aux premières loges
etwas aus nächster Nähe erleben

être bête comme ses pieds
dumm wie Bohnenstroh sein

être bonne poire
ein gutmütiger Trottel sein

être cash
frei herausreden, von der Leber weg reden

être collet monté
zugeknöpft/streng sein
le collet (vx.): Kragen.

être comme cul et chemise
dicke Freunde sein

être comme un coq en pâte
der Hahn im Korb sein
le coq: Hahn.

être connu comme le loup blanc
bekannt wie ein bunter Hund sein

être crevé
kaputt sein
crever: bersten, platzen; (fam.) krepieren.

être dans de beaux draps
in der Tinte sitzen

être dans la combine
die Schliche kennen
la combine: Masche.

être dans la course
auf dem Laufenden sein

être dans le pétrin
in der Tinte sitzen
le pétrin: Backtrog.

être dans le rouge
im Minus sein

être dans le secret des dieux
eingeweiht sein

être dans les petits papiers de qn
jds. Gunst genießen

être de mèche avec qn
mit jdm. unter einer Decke stecken
la mèche: Haarsträhne.

être droit dans ses bottes
auf seiner Meinung beharren
la botte: Stiefel.

être du bois dont on fait les flûtes
liebenswürdig/entgegenkommend sein

être dur de la feuille
schwerhörig sein
Das Wort *feuille* verwendet man im Argot zur Bezeichnung des menschlichen Ohres.

être en froid avec qn
jdm. nicht grün sein

être en roue libre
keine Verpflichtungen haben

être fauché comme les blés
abgebrannt sein
faucher: mähen.

être faux-cul
hinterhältig sein

être frais comme un gardon
frisch und munter sein
le gardon: Rotauge (Fisch).

être gai comme un pinson
vergnügt wie ein Zaunkönig sein
le pinson: Fink.

être habillé comme l'as de pique
unmöglich angezogen sein / wie eine Vogelscheuche aussehen

être haut comme trois pommes
ein Dreikäsehoch sein

être heureux comme un pape
glücklich wie ein Schneekönig/Honigkuchenpferd sein
le pape: Papst.

être l'objet de toutes les convoitises
den allgemeinen Neid erregen
la convoitise: Gier.

être la bête noire de qn
ein rotes Tuch für jdn. sein / jdm. ein Dorn im Auge sein

être la coqueluche de ces dames
der Schwarm aller Frauen sein
la coqueluche: Keuchhusten.

être la lanterne rouge
das Schlusslicht bilden

être la mouche du coche
ein Plagegeist sein
le coche: Kutsche.

être la petite main de qn
jdm. zuarbeiten

être le cocu de l'histoire
der Gehörnte sein

être le dindon de la farce
der Dumme, der Gelackmeierte sein
le dindon: Truthahn.

être le roi du pétrole
unermesslich reich sein (wie ein Ölscheich)
le roi du pétrole: Erdölmagnat.

être logé à la même enseigne
im selben Boot sitzen
une enseigne: Ladenschild.

être mal barré
schlecht begonnen haben

être mal luné
schlecht gelaunt sein
Dahinter steht die Vorstellung, dass Luna, der Mond, die Stimmung des Menschen beeinflusst.

être malheureux comme les pierres
todunglücklich sein

être marteau (cinglé, fada, timbré)
blöd/bekloppt/plemplem sein

être noir comme un pruneau
braungebrannt sein
le pruneau: Backpflaume, Zwetschge.

être près de ses sous
knauserig/geizig sein
le sou: (hist.) Sou; etwa: Pfennig.

être pris sur le fait
auf frischer Tat ertappt werden

être rapiat
geizig/gierig sein

être rasoir
stinklangweilig sein
une conférence rasoir: ein stinklangweiliger Vortrag
le rasoir: Rasierer.

être réglé comme du papier à musique
akribisch, pedantisch geregelt sein
réglé, e: hier: liniert.

être rond comme une queue de pelle
besoffen sein
la queue: Schwanz. | **la pelle:** Schaufel.

être sage comme une image
sehr artig sein

être séparé de corps et de biens
von Tisch und Bett getrennt sein

être sérieux comme un pape
todernst sein
le pape: Papst.

être sonné
erschlagen sein

être sourd comme un pot
eine taube Nuss sein

être sous la coupe de qn
bevormundet sein/werden
la coupe: Glasglocke.

être sous les feux de la rampe
im Scheinwerferlicht stehen

être sur écoutes
abgehört werden

être sur la corde raide
auf der Kippe stehen
raide: steif.

être sur la paille
im Elend leben
la paille: Stroh.

être sur le fil du rasoir
auf Messers Schneide stehen

être sur le pavé
auf der Straße sitzen
le pavé: Straßenpflaster.

être sur les dents
extrem angespannt sein / auf heißen Kohlen sitzen

être sur les rotules
auf dem Zahnfleisch gehen
la rotule: Kniescheibe.

être sur son petit nuage
selig sein

être / se mettre sur son trente-et-un
aufgetakelt sein / sich in Schale werfen
Die Zahl geht zurück auf einen als *trentain* bezeichneten kostbaren alten Stoff, dessen Gewebe 31 Fäden pro Quadratzentimeter zählte.

être tiré à quatre épingles
wie aus dem Ei gepellt sein
Um einen Stoff zu glätten, spannte man ihn mit vier Nadeln, einer an jeder Ecke, auf eine feste Unterlage.

être un chaud lapin
ein aufdringlicher Mann sein

être un dur à cuire
unnachgiebig, halsstarrig sein

être un grand-père gâteau
ein liebevoller Großvater sein

être un rat de bibliothèque
ein Bücherwurm sein

être un redresseur de torts
ein Weltverbesserer sein
le tort: Unrecht.

être une peau de vache
eine (hunds)gemeine Person sein

être une poule mouillée
ein Angsthase sein

être une vraie girouette
sein Fähnchen nach dem Wind hängen
la girouette: Wetterfahne.

être vert de rage
eine Mordswut haben

F

faire bouillir la marmite
für die Existenz der Familie sorgen
la marmite: Kochtopf.

faire chou blanc
keinen Erfolg haben

faire désordre
aus dem Rahmen fallen

faire des gorges chaudes de qc
über etwas lästern

faire des messes basses
tuscheln

faire des simagrées / du chichi
sich zieren / viel Aufhebens, Getue machen

faire d'une pierre deux coups
zwei Fliegen mit einer Klappe schlagen

faire du plein avec du vide
hohles Geschwätz verbreiten

faire du ramdam
Remmidemmi machen
le ramdam: Tamtam. – Verballhornung von *ramadan* als Anspielung auf das geräuschvolle nächtliche Leben während des Fastenmonats der Muslime.

faire feu de tout bois
alle Mittel einsetzen

faire l'andouille
den Trottel spielen
une andouille: Kaldaunenwurst.

faire la bringue
auf die Pauke hauen

faire la part belle à qc
einer Sache Bedeutung beimessen

faire la pluie et le beau temps
den Ton angeben, die erste Geige spielen

faire la soupe à la grimace
schlecht gelaunt sein

faire la tournée des grands ducs
von einem Nachtlokal zum anderen ziehen
le duc: Herzog.

faire la une (d'un journal)
auf der Titelseite stehen

faire le buzz
von sich reden machen, einen Hype auslösen

faire le dos rond
katzbuckeln, etwas über sich ergehen lassen, unterwürfig sein

faire le grand écart
den Spagat schaffen

faire le joli cœur
liebedienern, Sympathie erheischen; sich wie ein Geck benehmen

faire le pied de grue
sich die Beine in den Bauch stehen
la grue: Kranich.

faire le poireau
(auch: *rester planté comme un poireau*)
eine Ewigkeit warten; sich die Beine in den Bauch stehen
le poireau: Porree.

faire le trottoir
auf den Strich gehen

faire le zouave
den Hanswurst spielen
le zouave: (hist., mil.) Zuave (Mitglied einer zunächst aus Berberstämmen rekrutierten französischen Kolonialtruppe).

faire l'oie blanche
den Unschuldsengel spielen
une oie: Gans.

faire partie du décor
unbemerkt bleiben

faire peau neuve
ein anderer Mensch werden

faire porter le chapeau à qn
jdm. etwas in die Schuhe schieben

faire qc avec ses tripes
etwas aus dem Bauch heraus tun / etwas mit Leib und Seele tun
les tripes (f. pl.): Eingeweide.

faire qc par-dessus la jambe
schludern

faire ressusciter les morts
die Vergangenheit aufleben lassen
ressusciter: wiederauferstehen.

faire sauter la banque
plötzlich reich werden
la banque: hier: Spielbank.

faire ses choux gras de qc
absahnen, profitieren

faire son beurre
Profit machen

faire table rase
reinen Tisch machen (Tabula rasa machen)

faire tapisserie
nicht wahrgenommen werden / nicht zum Tanz aufgefordert werden / ein Mauerblümchen sein
la tapisserie: Bildvorhang. – Junge Mädchen, die bei einem Ball nicht zum Tanz aufgefordert wurden bzw. keinen Begleiter hatten, hielten sich an den mit Bildteppichen dekorierten Wänden des Saals auf und ‚verschwanden' in den Bildern der Tapisserien.

faire tourner qn en bourrique
jdn. verrückt machen
la bourrique: Esel.

faire tourner la boutique
etwas ins Rollen bringen

faire un chèque en bois
einen ungedeckten Scheck ausstellen

faire un appel du pied
einen Wink mit dem Zaunpfahl geben

faire un bébé dans le dos
etwas hinter jds. Rücken tun

faire un écart de langage / de conduite
sprachlich entgleisen / sich daneben benehmen

faire un effet bœuf
Aufsehen erregen

faire une croix sur qc
etwas in den Wind schreiben
la croix: Kreuz.

faire une fleur à qn
jdm. einen Gefallen tun, eine Freude machen

faire une gaffe / une boulette
sich einen Ausrutscher leisten

fermer les écoutilles

die Schotten dicht machen

une écoutille (mil., naut.): Luke.

filer à l'anglaise

sich auf Französisch verabschieden

Eine der Redensarten, die dem gegenseitigen Verlangen entsprechen, dem Nachbarn schlechte Manieren zu unterstellen (sich ohne Gruß und Dank davonschleichen). Die englische Retourkutsche *to take french leave* fügt eine boshafte Nuance hinzu: durchbrennen, ohne zu bezahlen.

filer un mauvais coton

auf Abwege geraten / unangenehm auffallen

filer: spinnen. | **le coton:** Baumwolle.

fumer la moquette

Gras/Hasch rauchen

la moquette: Teppichboden.

G

garder à qn un chien de sa chienne
auf Rache sinnen, eine Rechnung offen haben

garder la bouche cousue
schweigen
coudre: nähen.

garder une poire pour la soif
einen Notpfennig (Notgroschen) zurücklegen

graisser la patte
jdm. Schmiergeld zahlen / jdn. bestechen
la patte: Pfote. | **graisser:** schmieren.

gratter l'os jusqu'à la moelle
jdn. bis aufs Blut aussaugen
la moelle: Mark.

grimper au cocotier
auf die Palme gehen

H

habiller la mariée
etwas beschönigen

I

Il n'y a pas le compte.
Die Rechnung geht nicht auf.

Il va vous en / t'en cuire.
Du wirst dein blaues Wunder erleben.

Il y a à boire et à manger.
Es gibt positive und negative Aspekte.

Il y a anguille sous roche.
Die Sache hat einen Haken. / Da ist etwas faul.
une anguille: Aal.

Il y a un loup.
Da steckt etwas dahinter.

inviter à la bonne franquette
ohne Umstände, spontan einladen

J

J'en ai rien à cirer / à battre.
Das interessiert mich nicht die Bohne.

Je vous en / t'en fiche mon billet que …
Ich wette darauf / garantiere, dass …
ficher qc à qn (fam.): jdm. etwas verpassen.

jeter aux orties
entsorgen
une ortie: Brennessel.

jeter la pierre à qn
den Stab über jdn. brechen

jeter l'éponge
das Handtuch werfen

jeter un froid
Befremden auslösen

jeter un pavé dans la mare
für Wirbel sorgen
le pavé: Pflasterstein. | **la mare:** Teich.

joindre les deux bouts
über die Runden kommen
joindre: hier: zusammenfügen.

jouer à pile ou face
Kopf oder Zahl spielen

jouer au jeu de petits chevaux
»Mensch ärgere dich nicht« spielen

jouer dans la cour des grands
bei den Großen mitmischen

jouer les gros bras
die Muskeln spielen lassen

jouer son va-tout / le tout pour le tout
alles aufs Spiel setzen

jouer sur les mots
gezielt missverstehen / auf einer Aussage herumreiten

jurer ses grands dieux
Stein und Bein schwören

L

l'échapper belle
mit heiler Haut davonkommen

l'enfant prodigue (bibl.)
der verlorene Sohn
prodigue: verschwenderisch.

L'habit ne fait pas le moine.
Der Schein trügt. / Man sollte nicht nach dem äußeren Schein urteilen.
le moine: Mönch.

l'heure entre chien et loup
die Abenddämmerung

La boucle est bouclée.
Der Kreis schließt sich.

lâcher les baskets à qn
jdn. in Ruhe lassen
Lâche-moi les baskets!: Lass mich endlich in Ruhe.

laisser glisser / laisser tomber
etwas bleiben lassen, gleichgültig bleiben

la langue verte / l'argot
die derbe Sprache / die Gaunersprache

La messe est dite. / Les jeux sont faits.
Das Spiel ist aus.

la salle des pas perdus
große Halle in öffentlichen Gebäuden

La vie n'est pas un long fleuve tranquille.
Das Leben ist kein Zuckerschlecken.

larguer les amarres
die Leinen losmachen / die Zelte abbrechen

lécher les bottes à qn
jdm. in den Arsch kriechen (vulg.)
lécher: lecken. | **la botte:** Stiefel.

Le ciel lui est tombé sur la tête.
Er ist überfordert.

le dessus du panier / le gratin / la fine fleur
die Crème de la Crème, die Schickeria / die Hautevolee

le point d'orgue
der krönende Abschluss

Le torchon brûle.
Der Haussegen hängt schief.
le torchon: Tuch, Geschirrtuch.

Les carottes sont cuites.
Alles im Eimer!

les chères petites têtes blondes
die lieben Kinderlein

Les clignotants sont au vert.
Etwas nimmt einen guten Verlauf.
le clignotant: Blinker.

M

manger à tous les râteliers
überall seinen Vorteil suchen / auf allen Hochzeiten tanzen
le râtelier: Futterstelle.

manger avec un lance-pierre
schlingen
le lance-pierre: Schleuder.

manger comme quatre
für drei essen

manger dans la main d'un mendiant
von Gier verzehrt werden
le mendiant: Bettler.

manger de la vache enragée
am Hungertuch nagen
enragé, e: tollwütig.

manger les pissenlits par la racine
im Grab liegen / die Radieschen von unten betrachten
le pissenlit: Löwenzahn. | **la racine:** Wurzel.

manger la grenouille
Gelder unterschlagen
la grenouille: der Frosch. – Zu den vielen Tierformen, die man im Lauf der Geldgeschichte den Spardosen gab, zählte auch der Frosch, der ähnlich wie das beliebte Schwein Glück und Fruchtbarkeit versinnbildlichte.

manger son chapeau
eine Niederlage einstecken, hinnehmen; auch: Abbitte leisten

manger sur le pouce
im Stehen etwas essen
le pouce: Daumen.

manier la carotte et le bâton
nach dem Prinzip von Zuckerbrot und Peitsche handeln
manier: handhaben, bedienen. | **le bâton:** Stock.

manier la langue de bois
leeres Stroh dreschen

marcher à côté de ses pompes
neben der Spur sein
la pompe (fam.): Schuh.

marcher à pas de loup
auf leisen Sohlen gehen

marcher sur des œufs
wie auf rohen Eiern gehen

marcher sur la tête
aus den Fugen geraten sein / auf dem Kopf stehen

marcher sur les plates-bandes de qn
jdm. ins Gehege kommen
la plate-bande: Blumenbeet.

ménager la chèvre et le chou
es sich mit keinem verderben wollen
la chèvre: Ziege. | **ménager:** schonen.

mener à la trique
züchtigen/drillen
la trique: Knüppel.

mener qn en bateau
jdn. hinters Licht führen / jdm. einen Bären aufbinden

mener qn par le bout du nez
jdn. um den Finger wickeln

mener une petite vie tranquille
ein Spießerleben führen

mener une vie de barreau de chaise / une vie de patachon
ein ausschweifendes Leben führen
le barreau: Stange.

mener un train d'enfer
etwas bis zur Erschöpfung tun
un enfer: Hölle.

mentir comme un arracheur de dents
lügen, dass sich die Balken biegen / lügen wie gedruckt
arracher: ausreißen.

mettre à l'ombre
in den Knast schicken

mettre à pied
kündigen

mettre de l'eau dans son vin
nachgeben, klein beigeben

mettre des bâtons dans les roues à qn
jdm. Knüppel zwischen die Beine werfen

mettre du beurre dans les épinards
die Haushaltskasse aufbessern
un épinard: Spinat.

mettre la charrue avant les bœufs
das Pferd beim Schwanz aufzäumen
la charrue: Pflug.

mettre la main à la poche
bezahlen, sich an den Kosten beteiligen

mettre la main dans la caisse
Geld stehlen

mettre la puce à l'oreille
jdn. hellhörig machen
la puce: Floh.

mettre le doigt dans l'engrenage / dans le pot de confiture
sich in etwas verstricken
un engrenage: Zahnrad.

mettre les mains dans le cambouis
eine Sache anpacken
le cambouis: Maschinenöl.

mettre les pieds dans le plat
ins Fettnäpfchen treten

mettre qn en boîte
sich über jdn. lustig machen / jdn. auf die Schippe nehmen

mettre/ ajouter son grain de sel
seinen Senf dazu geben

mettre tout le monde dans le même sac
alle über einen Kamm scheren

mettre un bémol à qc
etwas abschwächen/dämpfen

monter aux rideaux
auf die Palme gehen

montrer patte blanche
sich ausweisen, seine Papiere vorzeigen
la patte: Pfote.

mordre à l'hameçon
anbeißen / sich ködern lassen
un hameçon: Angelhaken.

mordre la poussière
am Boden zerstört sein

mouiller la chemise
sich sehr anstrengen

mourir à petit feu
dahinsiechen

N

n'avoir ni queue ni tête
weder Hand noch Fuß haben

n'y être pour rien
nicht daran schuld sein

n'y voir que du feu
im Nebel stochern

ne pas arriver à la cheville de qn
jdm. nicht das Wasser reichen können
la cheville: Knöchel.

ne pas avoir gardé les cochons ensemble
On n'a pas gardé les cochons ensemble: Ich wüsste nicht, dass wir befreundet sind, uns kennen.

ne pas avoir inventé l'eau chaude / le fil à couper le beurre
nicht sehr helle sein / begriffsstutzig sein

ne pas avoir les yeux en face des trous
nicht alle Sinne beisammen haben / neben der Spur sein

ne pas avoir sa langue dans sa poche
nicht auf den Mund gefallen sein

ne pas avoir un fil à la patte
ungebunden/unverheiratet sein
la patte: Pfote.

ne pas casser trois pattes à un canard
etwas haut jdn. nicht vom Hocker
Ce film ne casse pas trois pattes à un canard: Dieser Film reißt einen nicht (gerade) vom Hocker.

ne pas donner sa part au chien
egoistisch sein / nicht bereit sein zu teilen

ne pas en ficher une rame
nichts tun, stinkfaul sein
la rame: Ruder.

ne pas en valoir la chandelle
der Mühe nicht wert sein
la chandelle: Kerze.

ne pas être dans son assiette
sich nicht wohlfühlen

ne pas être en odeur de sainteté
nicht gern gesehen sein, in Ungnade gefallen sein
la sainteté: Heiligkeit.

ne pas être franc du collier
nicht ehrlich sein

ne pas être né de la dernière pluie
nicht von gestern sein

ne pas être sorti de l'auberge
noch nicht über den Berg sein

ne pas faire dans la dentelle
nicht auf die feine Art machen
la dentelle: Spitze (Gewebe).

ne pas faire de vieux os
nicht lange bleiben

ne pas manger de ce pain-là
nicht jds. Art sein

ne pas manquer d'air
unverfroren/dreist sein

ne pas pouvoir être à la foire et au moulin
sich nicht zerreißen können
la foire: Jahrmarkt. | **le moulin:** Mühle.

ne pas prendre les enfants du bon Dieu pour des canards sauvages
jdn. für dumm verkaufen
Il ne faut pas prendre les enfants du bon Dieu pour des canards sauvages: Man sollte den Wähler nicht für dumm verkaufen.
sauvage: wild.

ne pas se moucher du pied
nicht aufs Geld achten, sich etwas gönnen
se moucher: sich die Nase putzen.

ne pas sucer de la glace
trinksüchtig sein
sucer: lutschen.

ne pas valoir une roupie de sansonnet
keinen Schuss Pulver wert sein
la roupie: Tropfen an der Nase. | **le sansonnet** (zool.): Star.

ne plus avoir un radis
kein Geld mehr haben
le radis: Radieschen; Rettich.

noyer le poisson
einer klaren Antwort ausweichen
noyer: ertränken.

O

obéir au doigt et à l'œil
nach jds. Pfeife tanzen

On en mangerait sur la tête d'un pouilleux.
Ausdruck der Begeisterung für ein besonders gutes Essen
le pouilleux: Läusekopf.

oublier d'être bête
nicht auf den Kopf gefallen sein

ouvrir un boulevard à qn
jdm. alle Wege öffnen

P

parler de la pluie et du beau temps
über Gott und die Welt sprechen

partir en croisade
einen Kreuzzug gegen jdn. einleiten

partir les pieds devant
sterben

passer qn à la casserole
jdn. fertig machen
la casserole: Topf.

passer à la trappe
in der Versenkung verschwinden
la trappe: Fallklappe.

passer de la pommade à qn
jdm. Honig ums Maul schmieren
la pommade: Salbe.

passer/sauter du coq à l'âne
vom Hölzchen aufs Stöckchen kommen

passer l'arme à gauche
sterben, das Zeitliche segnen

passer/reprendre le flambeau
die Verantwortung für etwas übergeben/übernehmen

passer une nuit blanche
eine Nacht ohne Schlaf verbringen

passer un savon à qn
jdm. den Kopf waschen, die Leviten lesen

payer en monnaie de singe
jdn. mit leeren Versprechungen abspeisen

payer les pots cassés
die Suppe auslöffeln müssen

payer rubis sur l'ongle
passend/bar auf die Kralle zahlen
le rubis: Rubin.

payer un dessous-de-table
Schmiergeld zahlen

pendre la crémaillère
seinen Einstand geben
pendre: aufhängen (im Kamin). | **la crémaillère:** Kesselstange.

perdre la boussole / le nord / la boule
den Kopf verlieren
la boussole: Kompass.

péter un câble / les plombs
aus der Haut fahren
péter (pop.): furzen; (fam.) kaputtmachen. | **le plomb:** hier: Sicherung.

Pierre, Paul, Jacques (péj.)
Hinz und Kunz / Krethi und Plethi

piquer comme un oursin
sticheln
un oursin: Seeigel.

piquer une colère noire
in die Luft gehen

pleurer comme une Madeleine
wie ein Schlosshund heulen
Die biblische Sünderin Maria Magdalena (*Madeleine*) benetzte die Füße von Jesus Christus mit ihren Tränen.

pleuvoir comme vache qui pisse
in Strömen regnen

Plus bête que moi tu meurs.
Wie kann man so dumm sein?

pointer le bout du nez
eine Stippvisite machen

porter le chapeau
die Verantwortung tragen

poser un lapin à qn
jdn. versetzen, jdm. einen Korb geben
Mit der *lapin*-Metapher wird gern eine unredliche Absicht bzw. ein Fluchtverhalten assoziiert. Anfang des 18. Jh.s verwendet für eine dick aufgetragene Lügengeschichte, wird sie später dem blinden Passagier zugeordnet (*voyager en lapin*). Im 19. Jh. wird als *lapin* der Freier bezeichnet, der einem Mädchen den vereinbarten Preis für den Liebesdienst schuldig bleibt (Michel Lis / Michel Barbier: *Le Franc-parler*, Paris 2011.)

pour la galerie
nur um des Effektes willen, aus Effekthascherei

pour une bouchée de pain
für einen lächerlichen Preis
la bouchée: Bissen, Mundvoll.

pousser des cris d'orfraie
kreischen
une orfraie: Seeadler.

pousser grand-mère dans les orties
Il ne faut pas pousser grand-mère dans les orties: Man sollte die Kirche im Dorf lassen.
une ortie: Brennnessel.

pousser (lancer) le bouchon un peu loin
übertreiben, sich zu weit aus dem Fenster hängen
le bouchon: Korken.

prêcher le faux pour savoir le vrai
auf den Busch klopfen

prêcher pour sa paroisse
in eigener Sache reden
la paroisse: Pfarrgemeinde.

préférer l'ombre à la lumière
bescheiden sein

prendre qc au pied de la lettre
etwas wörtlich nehmen

prendre de la bouteille
an Sicherheit gewinnen

prendre de la hauteur
sich distanzieren

prendre des airs de sainte nitouche
so tun, als ob man kein Wässerchen trüben konnte
la sainte nitouche: Unschuldsengel.

prendre des vessies pour des lanternes
sich ein X für ein U vormachen lassen
la vessie: Blase.

prendre la clé des champs
sich aus dem Staub machen

prendre la poudre d'escampette
sich aus dem Staub machen
la poudre: Pulver.

prendre le contre-pied
genau das Gegenteil behaupten

prendre le pas sur qn
die Oberhand über jdn. gewinnen

prendre qc/qn en grippe
etwas/jdn. nicht ausstehen können

prendre ses cliques et ses claques
seine Siebensachen packen

prendre ses jambes à son cou
die Beine unter die Arme / in die Hand nehmen

prendre son pied
großen Spaß haben / sich wahnsinnig amüsieren

presser le citron
jdn. bis aufs Blut aussaugen

promettre monts et merveilles
das Blaue vom Himmel versprechen
le mont (litt.): Berg. | **la merveille:** Wunder.

Q

Qui est cet ostrogoth?
Wer ist dieser Waldschrat?
un Ostrogoth: (hist.) Ostgote.

R

raccrocher les wagons
den Frieden wiederherstellen
raccrocher: anhängen.

racler les fonds de tiroir
das letzte Geld zusammenkratzen
racler: abkratzen. | **le tiroir:** Schublade.

raconter des carabistouilles
dumm daherschwätzen
la carabistouille: Albernheit.

raconter des histoires / des sornettes
dummes Zeug / Unsinn reden

ramener sa fraise
seinen Senf dazugeben

raser gratis
On rase gratis: Wer's glaubt, wird selig.

rater le coche
eine Gelegenheit versäumen
le coche: Kutsche.

rayer le parquet avec les dents
sein Ziel verbissen, rücksichtslos verfolgen
rayer: kratzen.

rayer qn de la carte
jdn. aus dem Gedächtnis streichen

réagir au quart de tour
hochgehen

recevoir une volée de bois vert
Hiebe / eine Standpauke bekommen
la volée: Schwarm.

reculer pour mieux sauter
vor einer Unannehmlichkeit zurückschrecken / sich vor einer Entscheidung drücken
reculer: rückwärts fahren/gehen.

regarder qn d'un œil noir
jdm. böse Blicke zuwerfen

regarder qn en chien de faïence
jdn. feindselig anblicken
la faïence: Steingut.

rejoindre ses pénates
nach Hause zurückkehren
les pénates (m. pl.): Penaten. – Die Penaten, in der römischen Religion die Schutzgötter der Familie und ihres Haushalts, sind als Seelen der Verstorbenen fest an ihre Nachkommen gebunden.

remettre les pendules à l'heure
Klartext reden / sagen, was Sache ist
la pendule: Standuhr.

remonter la pente
wieder auf die Beine kommen
la pente: Abhang.

remonter les bretelles à qn
jdm. die Leviten lesen
les bretelles (f. pl.): Hosenträger.

remplacer au pied levé
jdn. auf Anhieb ersetzen/vertreten

rendre la monnaie de la pièce
sich rächen

renvoyer qn à ses chères études
jdn. in seine Schranken weisen

renvoyer aux calendes grecques
auf den Sankt-Nimmerleins-Tag verschieben
les calendes (f. pl.): römische Kalenden. | **grec/grecque:** griechisch. – Zu den Kalenden (dem jeweils Monatsersten) mussten im alten Rom Schulden beglichen werden. Das griechische System für die Zeitberechnung kannte keine Kalenden.

renvoyer l'ascenseur à qn
jdm. einen Gefallen erwidern / sich bei jdm. für eine Gefälligkeit revanchieren
un ascenseur: Aufzug.

rester en carafe / en plan
feststecken/festsitzen

rester les bras croisés
die Hände in den Schoß legen

rester médusé
wie versteinert dastehen
Das schreckliche Antlitz der Medusa (Gestalt der griechischen Mythologie) ließ jeden Mann zu Stein erstarren.

rester sur sa faim
nicht auf seine Kosten kommen

rester vissé sur sa chaise
sich nicht von seinem Stuhl rühren
visser: festschrauben.

retourner à ses moutons
zum Thema zurückkehren

retourner sa veste
die Farbe/Gesinnung wechseln

rêver à des lendemains qui chantent / du grand soir
von einer glücklichen/besseren Zukunft träumen

rire aux anges
selig lächeln

rire jaune
seine Enttäuschung nicht verbergen können / eine Grimasse ziehen

rire sous cape
sich ins Fäustchen lachen
le cape: Cape, Umhang.

river son clou à qn
jdn. mundtot machen
river: nieten.

rouler à bride abattue / à tombeau ouvert
rasen (im Straßenverkehr)
la bride: Zügel. | **abattre:** niederstrecken.

rouler dans la roue d'autrui
ins Schlepptau genommen werden
autrui: jemand anderes.

rouler les mécaniques
seine Muskeln spielen lassen

rouler qn dans la farine
jdn. übers Ohr hauen / einwickeln

rouler sur l'or
im Geld schwimmen

ruer dans les brancards
wütend werden / aus der Haut fahren
ruer: ausschlagen (Pferd). | **le brancard:** Deichsel.

S

s'accrocher aux branches
sich anstrengen / ackern

s'arracher les tripes
sich verausgaben

s'ennuyer comme un rat mort
sich tödlich langweilen

s'envoyer des fleurs
sich selbst loben

s'envoyer en l'air
bumsen, Sex haben

sauter du coq à l'âne
vom Hölzchen aufs Stöckchen springen/kommen

savoir où le bât blesse
den wunden Punkt kennen / wissen, wo der Schuh drückt
le bât: Packsattel.

se bouffer le nez / se crêper le chignon
sich in die Wolle kriegen
crêper: kräuseln. | **le chignon:** Dutt.

se brûler les ailes
sich die Finger bei etwas verbrennen
une aile: Flügel.

se cacher derrière son petit doigt
sich aus der Affäre ziehen

se casser les dents
vergeblich zu einem Termin/Treffen kommen

se casser la nénette
sich den Kopf zerbrechen
la nénette (pop.): Kopf.

se dépêcher d'aller doucement
Zeit schinden

se faire arnaquer / plumer
sich ausnehmen lassen
arnaquer (fam.): übers Ohr hauen. | **plumer:** rupfen.

se faire des cheveux
sich große Sorgen machen

se faire des couilles en or (vulg.)
sich eine goldene Nase verdienen
la couille (pop.): Hoden.

se faire du mauvais sang
sich grämen

se faire encadrer
Je me suis fait encadrer: Mir ist jemand reingefahren.

se faire la belle / la malle
fliehen, abhauen
la malle: Überseekoffer.

se faire mettre la corde au cou (iron.)
heiraten

se faire une toile
ins Kino gehen

se fendre la pêche / la pipe
sich totlachen
fendre: spalten.

se foutre de la poire de qn
sich über jdn. lustig machen

se jouer de la loi
auf das Gesetz pfeifen

se la couler douce
Däumchen drehen / faulenzen

se mettre au vert
eine Auszeit nehmen

se mettre en roue libre
eine Auszeit nehmen

se mettre le doigt dans l'œil
sich täuschen / sich gewaltig irren

se mordre les doigts de qc
etwas sehr bereuen

se noyer dans un verre d'eau
sich bei jeder Kleinigkeit aufregen
se noyer: ertrinken.

se payer de mots
sich mit leeren Worten zufrieden geben

se plaindre que la mariée est trop belle
grundlos meckern

se prendre les pieds dans le tapis
sich in seinen Ausreden verfangen

se prendre un râteau
sich eine Abfuhr einhandeln
le râteau: Harke.

se prendre pour le roi de Prusse
sich für den Nabel der Welt halten

se ramasser une gamelle
hinfallen/scheitern
la gamelle: Blechnapf.

se refaire une santé
wieder auf die Beine kommen

se renvoyer la balle
lebhaft diskutieren, auch: die Verantwortung auf jdn. abwälzen

se sucrer
sich auf Kosten anderer bereichern

se tenir à carreau
sich in Acht nehmen

se voiler la face
die Augen vor etwas verschließen
voiler: verhüllen.

sentir le sapin
dem Tode nahe sein
le sapin: Tanne, Fichte.

séparer le grain de l'ivraie
die Spreu vom Weizen trennen

sonner les cloches à qn
jdm. eins auf den Deckel geben / jdm. aufs Dach steigen

sortir du bois
plötzlich auftauchen

sucrer les fraises
stark zittern, einen Tatterich haben
sucrer: zuckern.

surfer sur la vague
keinen klaren Kurs verfolgen

sur l'échiquier politique
auf der politischen Bühne
un échiquier: Schachbrett.

T

taquiner la bouteille
dem Alkohol zugeneigt sein
taquiner: necken.

taquiner la muse
musische Neigungen haben; Verse schmieden

tenir la chandelle
den Moralwächter spielen
la chandelle: Kerze.

tenir la dragée haute à qn
jdn. seine Macht spüren lassen
la dragée: Wiener Mandel.

tenir le haut du pavé
zur Elite der Gesellschaft gehören
le pavé: Straßenpflaster. – In der Zeit vor der Kanalisation dienten Gräben in der Mitte der Straße dazu, Abwässer und Fäkalien abfließen zu lassen. Die höher gelegenen Gehsteige waren den Adligen vorbehalten.

tirer à boulets rouges
das Feuer auf jdn. eröffnen / jdn. unter Beschuss nehmen
le boulet: Kanonenkugel.

tirer à hue et à dia
hü und hott sagen / widersprüchliche Anweisungen geben

tirer des plans sur la comète
Luftschlösser bauen

tirer la couverture à soi
die Aufmerksamkeit für sich beanspruchen

tirer le diable par la queue
von der Hand in den Mund leben

tirer sa révérence
sich verabschieden / aus dem Leben gehen
la révérence: Verneigung.

tirer son épingle du jeu
sich aus der Affäre ziehen
une épingle: Nadel. – Wahrscheinlicher Hintergrund der Wendung ist ein Geschicklichkeitsspiel junger Mädchen im 15. Jh. Eingesetzt wurden (Schmuck-)Nadeln, die es mit einem Ball zu treffen galt. Zumindest die eigene Nadel sollte zurückgewonnen werden.

tisser sa toile
Beziehungen aufbauen

tomber dans le panneau
auf den Leim gehen

tomber dans les pommes
ohnmächtig werden

toucher la corde sensible
jds. wunden Punkt treffen

tourner autour du pot
um den heißen Brei reden / wie die Katze um den heißen Brei streichen

tourner sa langue sept fois dans sa bouche
nachdenken, bevor man spricht / seine Worte abwägen

tourner au vinaigre
sich verschlechtern/verschlimmern

tourner la page
Vergangenes verdrängen

travailler du chapeau
nicht alle Tassen im Schrank haben

travailler pour des prunes
für lau arbeiten

travailler pour le roi de Prusse
sich vergeblich abmühen
la Prusse: Preußen. – Die Wendung (entstanden nicht vor Beginn des 18. Jh.s, vermutlich zur Zeit Friedrichs II.) lässt sich verstehen vor dem Hintergrund der legendären Knauserigkeit der preußischen Könige. Möglich ist auch eine Anspielung auf die Situation im eigenen Land, dessen Könige ebenfalls stets knapp bei Kasse waren.

trier sur le volet
sorgfältig auswählen (bezogen auf Personengruppen)
trier: aussortieren. | **le volet:** Fensterladen.

trouver chaussure à son pied
das Passende finden

tu peux toujours te brosser / te fouiller
Das kommt nicht in die Tüte.
fouiller: durchsuchen, durchwühlen.

tutoyer les anges
sich in höheren gesellschaftlichen Sphären bewegen

U

un amoureux des causes perdues
Traumtänzer

Un ange passe.
Ein verlegenes Schweigen tritt ein.

un cabinet fantôme
ein Schattenkabinett

un canard boiteux
eine taube Nuss
boiteux, -euse: hinkend.

un étouffe chrétien
ein schwer verdauliches Essen
étouffer: ersticken.

un inspecteur des travaux finis
ein Drückeberger
un inspecteur du travail: Gewerbeaufsichtsbeamter

un mouton à cinq pattes
ein Paradiesvogel
la patte: Pfote.

un nom à coucher dehors
ein unaussprechlicher Name

un panier de crabes
ein Natterngezücht / eine zerstrittene Gesellschaft
le crabe: Krebs.

un roman à l'eau de rose
ein Kitschroman

un secret d'alcôve
ein Bettgeheimnis
une alcôve: Schrankbett, Bettnische.

un secret de polichinelle
ein offenes Geheimis
le polichinelle: Kasperle.

une douche écossaise
ein Wechselbad (der Gefühle)
écossais, e: schottisch.

une femme de petite vertu
eine Halbweltdame
la vertu: Tugend, Sittsamkeit.

une feuille de chou
ein Käseblatt

une grenouille de bénitier / une punaise de sacristie
eine Betschwester
la grenouille: Frosch. | **le bénitier:** Weihwasserbecken. | **la punaise:** Wanze.

une petite nature
eine kränkliche Person

une querelle d'Allemand
ein Streit um des Kaisers Bart

une réponse de normand
eine ausweichende Antwort

une soirée arrosée
ein feuchtfröhlicher Abend
arroser: begießen.

V

vendre la mèche
aus dem Nähkästchen plaudern
la mèche: Docht (einer Kerze).

vider son sac
sich etwas von der Seele reden

virer sa cuti
seine Einstellung radikal ändern
virer: umschlagen. | **la cuti:** *la cuti-réaction:* Tuberkulinprobe.

vivre aux frais de la princesse / sur la bête
auf Kosten eines anderen leben

vivre d'amour et d'eau fraîche / de l'air du temps
von Luft und Liebe leben

voir de quel bois qn se chauffe
erkennen, wessen Geistes Kind jemand ist

voir midi à sa porte
sich selbst der Nächste sein

voir trente-six chandelles
Sterne sehen
la chandelle: Kerze.

voler dans les plumes de qn
über jdn. herfallen
la plume: Feder.

Editorische Notiz

Erklärt sind alle Wörter, die im *Thematischen Grund- und Aufbauwortschatz Französisch* (Stuttgart: Klett, 2000) nicht zum Grundwortschatz gehören. Die folgenden Abkürzungen wurden verwendet:

f.	féminin
fam.	familier
fig.	figuré
hist.	historique
hum.	humoristique
iron.	ironique
jdm.	jemandem
jdn.	jemanden
jds.	jemandes
Jh.	Jahrhundert
litt.	littéraire
m.	masculin
mil.	militaire
mus.	musique
naut.	nautique
péj.	péjoratif
pl.	pluriel
pol.	politique
pop.	populaire
qc	quelque chose
qn	quelqu'un
vulg.	vulgaire
vx.	vieux
zool.	zoologique

Register